BEI GRIN MACHT SICH IHR WISSEN BEZAHLT

- Wir veröffentlichen Ihre Hausarbeit,
  Bachelor- und Masterarbeit

- Ihr eigenes eBook und Buch -
  weltweit in allen wichtigen Shops

- Verdienen Sie an jedem Verkauf

Jetzt bei www.GRIN.com hochladen
und kostenlos publizieren

Ute Götz

Unipolare Depression im Alter. Was sollten Altenpflege-kräfte über die Erkrankung wissen?

GRIN Verlag

Bibliografische Information der Deutschen Nationalbibliothek:

Die Deutsche Bibliothek verzeichnet diese Publikation in der Deutschen National-
bibliografie; detaillierte bibliografische Daten sind im Internet über http://dnb.d-
nb.de/ abrufbar.

Impressum:

Copyright © 2013 GRIN Verlag GmbH
Druck und Bindung: Books on Demand GmbH, Norderstedt Germany
ISBN: 978-3-656-57654-9

Dieses Buch bei GRIN:

http://www.grin.com/de/e-book/267210/unipolare-depression-im-alter-was-sollten-
altenpflegekraefte-ueber-die

DIPLOMA Hochschule – Private Fachhochschule Nordhessen

University of Applied Sciences

Studiengang: Medizinalfachberufe

Schriftliche Ausarbeitung

Ute Götz

31. August
2013

Unipolare Depression – Was sollten Altenpflegekräfte über die Erkrankung wissen und welche Bedeutung hat dieses Wissen in der Pflegepraxis?

Abgabe am:
03.09.2013

Inhalt

Abbildungsverzeichnis

Anmerkung:

In der nachfolgenden Ausarbeitung wird bei Personenbezeichnungen zur besseren Lesbarkeit nur die männliche Person genannt, weibliche Personen sind jedoch eingeschlossen. Aus Gründen der Übersichtlichkeit wird fast ausschließlich von „Patienten" gesprochen. Bewohner in Einrichtungen der Altenpflege sowie Klienten in der ambulanten Pflege sind selbstverständlich mit angesprochen.

1 Einleitung

Nach Schätzungen der WHO leiden weltweit mehr als 350 Millionen Menschen aller Altersgruppen an Depressionen[1]. Im Zusammenhang mit der demographischen Entwicklung - 2030 wird eine Steigerung des Anteils der mindestens 65 jährigen auf 29% der Bevölkerung zu erwarten sein[2] - gewinnen depressive Störungen im Alter[3] (als mitalternde oder erstmals auftretende Erkrankungen) zunehmend an Bedeutung für Pflegekräfte in Einrichtungen der Altenpflege. Da sich der Umgang mit depressiv erkrankten Menschen, aufgrund unreflektiert übernommener Alltagsvorstellungen und mangelnder Kenntnis über Ursache, Symptomatik, Verlauf und Therapie depressiver Störungen häufig schwierig gestaltet, erscheint ein Grundverständnis der Depression als Krankheit unverzichtbar[4]. Auch vor dem Hintergrund, dass 40% der Depressionen im Alter nicht korrekt diagnostiziert und behandelt werden, erscheint das Wissen um das Krankheitsbild für Altenpflegekräfte von besonderer Bedeutung[5]. Ziel dieser Ausarbeitung ist es, die für die Altenpflege wesentlichen Grundzüge depressiver Erkrankungen darzustellen sowie die Bedeutung dieses Wissens in der Pflegepraxis zu erläutern. Zunächst erfolgt auf der Grundlage ausgewählter Fachliteratur eine zusammenfassende Darstellung des aktuellen Wissensstands zum Thema. Darauf aufbauend wird die Bedeutung der dargestellten Inhalte in der pflegerischen Praxis erläutert.

2 Krankheitsbild

Als depressive Störungen werden Störungen bezeichnet die mit einer extremen Beeinträchtigung von Stimmung und Gefühlserleben einhergehen. Charakterisiert sind diese Störungen durch den Verlust von Interessen und Freude, Niedergeschlagenheit sowie geminderten Antrieb. Aber nicht jede niedergedrückte Stimmung und Traurigkeit ist gleich eine Depression.

---

[1] Vgl. http://www.who.int/mediacentre/factsheets/fs369/en/ (Stand: 09.08.2013).
[2] Vgl. Haustein, Thomas/ Mischke, Johanna, Statistisches Bundesamt (Hrsg.): im Blickpunkt/ Ältere Menschen/ in Deutschland und der EU, 2011, S.11.
[3] Es gibt keine eindeutig festgelegte Definition zu Alter oder das Alter. Gewöhnlich findet sich die Unterteilung in junge Alte (Zeitraum zwischen dem 65. und 79. Lebensjahr) und alte Alte/Hochbetagte (umschreibt die Altersspanne jenseits des 80. Lebensjahres), (Vgl. Perrar, Klaus Maria et al.: Gerontopsychiatrie für Pflegeberufe, Thieme Verlag, Stuttgart, 2. aktualisierte und erweiterte Auflage, 2011, S. 4).
[4] Zu dem im Umgang mit Betroffenen zu beobachtenden Fehler gehören z.B. Ablehnung, Ungeduld („Sie sollten sich mehr anstrengen.."), Beschwichtigungen („ ...das ist doch alles halb so schlimm .."), Anschuldigungen („Sie geben sich keine Mühe ...."), Versprechungen und vorgespielter Optimismus („ .. Morgen geht es Ihnen bestimmt wieder besser.") u.a. .
[5] Vgl. Deutsches Ärzteblatt, Internet- Recherche zu psychischen Erkrankungen/ Informationen für Betroffene, Experten und Angehörige, PP/Heft 4, 2006, S.174, unter: http://www.aerzteblatt.de/pdf.asp?id=50971 (Stand: 09.08.2013).

2.1 Diagnosekriterien

Nach den Diagnosekriterien der ICD- 10[6] kann von einer depressiven Episode bei Vorlage einer gewissen Anzahl gleichzeitig vorhandener Haupt- und Zusatzsymptome gesprochen werden[7]. Die Symptome müssen über einen Zeitraum von mindestens zwei Wochen andauern und dürfen nicht durch andere Umstände oder Erkrankungen verursacht worden sein. Die Beschwerden können sich zudem hinsichtlich Ausprägung, Dauer und Schwere unterscheiden. Die Einteilung der Schweregrade (leicht, mittel, schwer) beruht auf der Beurteilung von Anzahl, Art und Schwere der geschilderten Symptome[8]. Die Symptome depressiv erkrankter älterer Menschen unterscheiden sich im Wesentlichen nicht von denen jüngerer Menschen. Jedoch klagen ältere Betroffene häufiger über körperliche Beschwerden wie z.B. Herzbeschwerden, Beschwerden im Magen- und Darmbereich, Kopf- und Rückenschmerzen sowie Gedächtnisstörungen, Schlafstörungen, innere Unruhe und Gereiztheit. Die depressive Herabgestimmtheit steht nach Aussagen verschiedener Autoren meist nicht im Vordergrund der geäußerten Beschwerden[9]. Der subsyndromale Verlauf depressiver Störungen im Alter erschwert nicht selten eine korrekte Diagnose. Neben möglicher differenzial diagnostischer Schwierigkeiten hinsichtlich der Abgrenzung depressiver Erkrankungen von Trauerreaktionen, dementiellen oder körperlichen Erkrankungen, die ebenfalls mit einer depressiver Symptomatik einhergehen können, führt auch die verbreitete Annahme, dass es sich bei den geschilderten Symptomen um normale Erscheinungen des Alters handeln könnte, häufig dazu, dass Depressionen im höheren Lebensalter zu spät oder nicht erkannt werden[10]. Im nachfolgenden Kapitel werden die für eine depressive Episode typischen Symptome näher dargestellt.

2.2 Das depressive Syndrom

Die unter der Begrifflichkeit des depressiven Syndroms zusammengefassten charakteristischen Symptome[11] einer Depression können wie folgt beschrieben werden[12].

---

[6] Vgl. WHO, Dilling H. et al. (Hrsg.): Internationale Klassifikation psychischer Störungen/ ICD 10, Kapitel V (F)/ Klinisch-diagnostische Leitlinien, Verlag Hans Huber, Bern, Göttingen, Toronto, Seattle, 8. überarbeitete Auflage, 2011, S. 139-144.
[7] Mindestens zwei der aufgeführten Hauptsymptome liegen vor: 1) Verlust von Interesse und Freude 2) gedrückte Stimmung 3) geminderter Antrieb und erhöhte Ermüdbarkeit. Mindestens zwei der aufgeführten Zusatzsymptome liegen vor: 1) Geminderte Konzentration u. Aufmerksamkeit, 2) Verlust von Selbstvertrauen u. Selbstwert 3) Schuldgefühle u. Gefühl der Wertlosigkeit, 5) negative Zukunftsgedanken 6) Appetitlosigkeit 7) Schlafstörungen 8) Suizidgedanken oder -handlungen.
[8] Vgl. WHO, ICD-10, (FN 6), S. 141.
[9] Vgl. Schneider, Frank/ Nessler Thomas: Depressionen im Alter, Die verkannte Volkskrankheit/ Hilfe für Betroffene und Angehörige, Herbig Verlag, München, 2011, S. 34–40; Vgl. Wittchen et. al., Robert Koch Institut (Hrsg.) in Zusammenarbeit mit dem Statistischen Bundesamt: Depressive Erkrankungen/ Gesundheitsberichterstattung des Bundes, Berlin 2010, Heft 51, S. 23-24.
[10] Vgl. Wittchen et al.,(FN 9), S. 23.
[11] Zu berücksichtigen ist, dass jede depressive Episode durch andere Symptome gekennzeichnet sein kann und das keines der aufgeführten Symptome vorkommen muss oder nur bei depressiven Störungen vorkommt.

Störungen der Affektivität: Störungen der Affektivität sind häufig durch Gefühle der inneren Leere und Gefühllosigkeit gekennzeichnet. Darüber hinaus können schwere Schuldgefühle die Betroffenen quälen. Hoffnungslosigkeit, Angst, Verzweiflung und Resignation können Fühlen, Denken und Erleben so stark dominieren, dass die Betroffenen am liebsten nicht mehr leben möchten[13]. **Störungen des Antriebs:** Hier lassen sich zwei Störungsformen unterscheiden: Antriebshemmung, charakterisiert durch kraftlose, langsame Bewegungen, verminderte Gestik und Mimik, Schwunglosigkeit, Gleichgültigkeit, Entschluss- und Entscheidungsunfähigkeit, Teilnahmslosigkeit, bis hin zum depressiven Stupor als schwerste Form der Antriebslosigkeit. Antriebssteigerung, gekennzeichnet durch starke innere und äußere Unruhe, Rastlosigkeit, stereotypes Jammern und Klagen sowie Anklammerungsversuche an Bezugspersonen. **Störungen des Denkens:** Störungen des Denkens können sich als Denkverlangsamung[14] oder in Form einer Einengung des Denkens[15] zeigen. Aber auch nachlassende Aufnahmefähigkeit für neue Inhalte, fehlende Entwicklung neuer Perspektiven und Lösungsmöglichkeiten können den Betroffenen bei der Bewältigung seines Lebensalltags stark beeinträchtigen. Häufig beklagt werden zudem Konzentrations-, Aufmerksamkeits- und Gedächtnisstörungen. Schwere Depressionen können darüber hinaus mit inhaltlichen Denkstörungen[16] einhergehen, die zu einer unrealistischen und quälenden Einschätzung der Lebenswirklichkeit führen. **Vegetative Störungen:** Nicht erklärbare Druckgefühle in Kopf-, Brust- oder Bauchraum, Appetitverlust, Magenbeschwerden, Verdauungsbeschwerden, Obstipation sowie diffuse Schmerzen am ganzen Körper können beklagt werden. Neben Schlafstörungen, andauernder Müdigkeit und Abgeschlagenheit können sich auch Störungen von Libido- u. Potenz zeigen.

3 Ursachen depressiver Störungen

Bezüglich der Ätiopathogenese depressiver Erkrankungen wird von einem multifaktoriellen Bedingungsgefüge ausgegangen, indem sowohl biologische, psychologische als auch soziale Aspekte berücksichtigt werden (siehe Abbildung 1, S. 5). Genannte Faktoren führen zu einer erhöhten Verletzlichkeit (Vulnerabilität) für unipolar verlaufende Depressionen. Es ist

---

[12] Vgl. Zistl, A.: Einführung in die Psychiatrie/ Ein Leitfaden für pflegendes, therapierendes und betreuendes Fachpersonal, Brigitte Kunz Verlag, Hannover, 2004, S. 78–81.
[13] Schätzungsweise versterben 15% der Pat. mit schweren Depressionen an Suizid. (Vgl. GEDA Faktenblätter: chronische Depression, 2010, S. 93, Unter:
http://www.gbebund.de/gbe10/abrechnung.prc_abr_test_logon?p_uid=&p_aid=&p_knoten=FID&p_sprache=D&p_suchstring=15 258; (Stand: 09.08.2013).
[14] Das Denken fällt schwer, verläuft schleppend und träge.
[15] Das Denken ist auf wenige Themen und Inhalte reduziert. Häufig stehen Körper bezogene Themen im Mittelpunkt z.B. schlechter Schlaf, Obstipation sowie diverse körperliche Missempfindungen.
[16] Z.B. wahnhafte Schuld- und Versündigungsideen, hypochondrischer Wahn, Verarmungswahn, Zwangsgedanken.

4

anzunehmen, dass vor dem Hintergrund dieser erhöhten Verletzbarkeit belastende Lebensereignisse eine depressive Episode anstoßen können[17].

Abbildung 1: Modellvorstellung zur Ätiopathogenese depressiver Störungen[18]

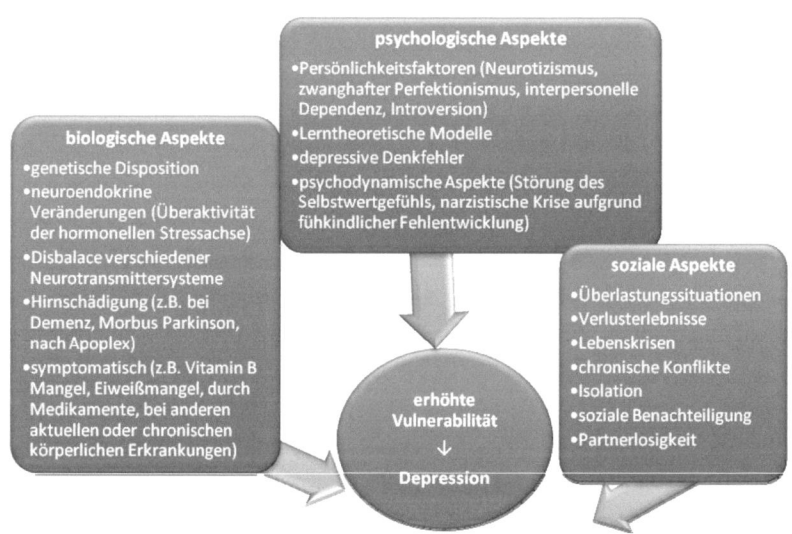

Nachfolgenden werden einige der in Abbildung 1 dargestellten psychologischen, biologischen und sozialen Erklärungsansätze ergänzend erläutert[19]. Im Rahmen psychologischer Erklärungsmodelle kann die Entstehung depressiver Störungen u.a. durch kognitive und lerntheoretische Modelle erklärt werden. Zahlreiche Studien konnten belegen, dass ein Mangel an positiver Verstärkung[20] die Entstehung und Aufrechterhaltung depressiver Erkrankungen begünstigt (Verstärker- Verlust- Theorie)[21]. Aber auch wiederholte Erfahrungen mangelnder Kontrolle über persönlich bedeutsame Lebens- und Umgebungsbedingungen sowie sich daraus entwickelnde Erwartungen auch zukünftig hilflos zu sein (Hilflosigkeitstheorie), können zu Passivität, Frustration, Hoffnungslosigkeit und Resignation

---

[17] Vgl. Hautzinger, Martin: Akute Depression/Fortschritte der Psychotherapie/Band 40, Hogrefe Verlag, Göttingen/Bern/Wien/Paris, 2010, S. 24.
[18] Modifiziert nach, Hautzinger, Martin (FN 17), S. 23-40; Wittchen et al. (FN 9), S.14-18.; Brakemeier, Eva-Lotta et al.: chronische Depression/ Fortschritte der Psychotherapie/ Band 49, Hogrefe Verlag, Göttingen/ Bern/ Wien/ Paris, 2012, S. 20 -24.
[19] vertiefende Informationen finden sich in der angegebenen Literatur.
[20] Z.B. Lob, Anerkennung, positive Erfahrungen und Lebensereignisse.
[21] Vgl. Hautzinger, Martin, (FN 17), S. 26 – 28.

führen und eine Depression anstoßen[22]. In einem weiterer Erklärungsansatz nach Aron, T. Beck[23] bilden kognitive Störungen die Basis einer Depression. Das kognitive Modell geht von der Grundannahme aus, dass kognitive Muster zu einer negativen Sicht der eigenen Person, der Welt und der eigenen Zukunft führen. Vorhandene dysfunktionale Schemata führen zudem zu einer negativ selektiven Wahrnehmung sowie kognitiven Verarbeitung von Umweltstimuli[24]. Das Denken des Betroffenen wird dadurch zunehmend mehr von negativen Vorstellungen beherrscht. Kognitive Fehler[25] verstärken die fehlerhafte Informationsverarbeitung und bestärken den Patienten im Glauben an die Gültigkeit seiner negativen Konzepte[26]. Biologische Erklärungsansätze betreffend, gilt ein familiär gehäuftes Auftreten von Depressionen und die damit verbundene Annahme einer genetischen Disposition, durch Familien- u. Zwillingsstudien als gut belegt[27]. Desweiteren werden neurobiologische Faktoren mit dem Auftreten depressiver Störungen in Zusammenhang gebracht. Als ursächlich werden hierbei gestörte Neurotransmittersysteme[28] diskutiert. Die dadurch bedingten Störungen der Neurotransmission führen zu veränderten Funktionsabläufen im Gehirn[29]. Neben einer gestörten Neurotransmission oder vorhandener genetischer Disposition, können soziale Einflussfaktoren das Risiko depressiv zu erkranken erhöhen. „Anhand von Längsschnittstudien mit Zwillingspaaren wurde der Einfluss genetischer Faktoren auf 41% und der Einfluss von persönlichen Umweltbedingungen auf 46% bei der Entwicklung einer Depression geschätzt"[30]. Insbesondere depressive Episoden des höheren Lebensalters werden in einem engen Zusammenhang mit äußeren Belastungsfaktoren gesehen. Wolfersdorf geht davon aus, dass 50% aller depressiven Episoden des höheren Lebensalters als Anpassungs- und Belastungsreaktionen verstanden werden können. Mit zunehmendem Lebensalter können sich Lebensereignisse häufen, die von den Betroffenen nur schwer bewältigt werden können[31]. In diesem Zusammenhang wird insbesondere auf das im Alter gehäufte Auftreten von Verlustereignissen verwiesen[32].

---

[22] Vgl. Hautzinger, Martin, (FN 17), S. 28 – 29.
[23] Vgl. Beck, Aron T. et al: Kognitive Therapie der Depression, Beltz Verlag, Weinheim/Basel, 1999, S .41 – 47.
[24] Der Begriff Schemata bezeichnet stabile kognitive Muster der Reizverarbeitung.
[25] Z.B. willkürliche Schlussfolgerungen, selektive Verallgemeinerungen, Übergeneralisierung, Verabsolutieren u.a..
[26] Beck führt als Grundlage dieser kognitiven Störungen frühere belastende negative Erfahrungen (Traumatisierung, Verluste) und Lernprozesse auf.
[27] Vgl. Hautzinger, Martin, (FN 17), S. 32.
[28] Serotonin- Hypothese, Dopamin- Hypothese, adrenerges- cholinerges Ungleichgewicht.
[29] Vgl. Hautzinger, Martin, (FN 17), S. 33-35.
[30] Zit. n. Hautzinger, Martin, (FN 17), S. 32.
[31] Vgl. Wolfersdorf, Manfred/ Schüler, Michael: Depressionen im Alter/ Diagnostik, Therapie, Angehörigenarbeit, Fürsorge, Gerontopsychiatrische Depressionsstationen, Verlag W. Kohlhammer, Stuttgart, 1. Auflage, 2005, S. 41; Vgl. Wittchen et al. (FN 9) S. 24; Vgl. Schneider, F./ Nessler, T. (FN 9), S. 41.
[32] Z.B. Verlust wichtiger Bezugspersonen, Verlust der sozialen Rolle durch Aufgabe der Berufstätigkeit, Verlust der gewohnten Lebensumgebung und Lebensgewohnheiten durch Krankheit u./o. Umzug ins Heim, Verlust der körperlichen und geistigen

4 Epidemiologie und Verlauf depressiver Störungen

4.1 Epidemiologie

Basierend auf den Daten einer aktuellen Studie zur Gesundheit Erwachsener in Deutschland[33] beträgt die Jahresprävalenz <u>diagnostizierter</u> Depressionen in der Altersgruppe der 18 bis 79 Jährigen 6,0% (Frauen 8,1%; Männer 3,8%). Die Lebenszeitprävalenz <u>diagnostizierter</u> Depressionen bei 18 bis 79 Jährigen liegt nach Aussage dieser Studie bei 11,6 % (Frauen 15,4%; Männer 7,8%)[34]. Frauen sind nach diesen Angaben in allen Altersgruppen ca. doppelt so häufig betroffen wie Männer. Die Lebenszeitprävalenz steigt mit zunehmendem Alter und wird als am höchsten bei Frauen und Männern in der Altersgruppe der 60 bis 69 Jährigen beschrieben (Frauen 22,9%; Männer 11,6%). Hinsichtlich der Auftretenshäufigkeit depressiver Beschwerden im höheren Lebensalter fanden sich nach Erhebungen der Berliner Altersstudie (BASE)[35], bei 26,9% der Hochbetagten, im Alter zwischen 70 und 100 Jahren, depressive Beschwerden. Bei multimorbid erkrankten Personen konnten bei 36,8% depressive Beschwerden festgestellt werden. Beinahe 5% erfüllten die Kriterien einer schweren depressiven Episode[36]. „Bei Personen, die im Heim leben, wird von einer Prävalenz depressiver Symptome von bis zu 50% und von schweren Depressionen zwischen 15% und 20% ausgegangen"[37].

4.2 Verlauf

Depressionen verlaufen meist in Episoden. Die Dauer der einzelnen Episoden ist variabel. Depressionen sind wie Untersuchungen zeigen, in der Mehrzahl aller Fälle, Erkrankungen mit einem überwiegend rezidivierenden Verlauf, d.h. es ist davon auszugehen, dass nach dem

---

Funktionsfähigkeit aufgrund von Alterungsprozessen u./o. Erkrankungen, Verlust finanzieller Möglichkeiten aufgrund geringer Rente.

[33] Das Robert Koch- Institut erhebt mit der DEGS bundesweit umfassende Gesundheitsdaten in Deutschland lebender Personen, im Alter von 18-79 Jahren. Die Datenerhebung findet in Wellen statt, d.h. die Teilnehmer werden wiederholt einbezogen. Studie/Welle: Bundesgesundheitssurvey; BGS98/1997-1999; 1.Welle: DEGS1/2008-2011; 2. Welle: DEGS2/2014-2015/befindet sich noch in der Planungsphase; (vgl. http://www.degs-studie.de/deutsch/studie/degs-im-ueberblick.html, Stand: 26.08.2013). **DEGS1- Kurzprofil:** Laufzeit: 2008-2011; Befragte: 8152 Personen Im Alter von 18-79 Jahre (darunter 4193 Ersteingeladene sowie 3959 ehemalige Teilnehmer des BGS98); In einer bevölkerungsrepräsentativen Stichprobe von 7988 Personen wurden aktuelle depressive Symptome mit dem „Patient Health Questionnaire" (deutsche Version) erfasst. Bereits diagnostizierte Depressionen wurden in einem standardisierten ärztlichen Interview erfragt. Die vorgestellte Querschnittanalyse bezieht sich auf die Personen, die an der Befragung teilgenommen haben.

[34] Vgl. Busch, M. A., et al.: Bundesgesundheitsblatt 2013/ Prävalenz von depressiver Symptomatik und diagnostizierter Depression bei Erwachsenen in Deutschland, Springer Verlag, Berlin/Heidelberg, 2013, S. 736, Online publiziert, 27. Mai 2013, unter: http://link.springer.com/content/pdf/10.1007%2Fs00103-013-1688-3.pdf (Stand:13.08.2013).

[35] eine neue Studie (Berliner Altersstudie BASE II) läuft seit 01.12.2010 - 30.11.2014.

[36] Vgl. Helmchen, H. et al. 1996, in Fußer, Fabian et al., g-plus- Zentrum im internationalen Gesundheitswesen (Hrsg.): Depressionen im Alter/ Transfer plus/ Fokus: Altenpflege, 2013, S.4, unter: https://www.unifrankfurt.de/fb/fb16/fachklinik/psychiatrie/mitarbeiter/fusser/Fusser-2013-Depression-im-Alter_transferplus.pdf (Stand 13.08.2013).

[37] Zit. n. Wittchen et al. (FN 9) S. 23.

Auftreten einer ersten Episode mindestens eine zweite folgt. Das Risiko nach dem erstmaligen Auftreten einer depressiven Episode erneut zu erkranken, liegt nach Angaben des Robert Koch Instituts bei 60% bis 73%[38]. Bei etwa 25% bis 30% der Betroffenen entwickelt sich ein chronischer Verlauf (Minimaldauer der Beschwerden von 2 Jahren)[39].

Über den Verlauf depressiver Erkrankungen im höheren Lebensalter finden sich Hinweise auf eine verlängerte Erkrankungsdauer, abnehmende Zeiten der Beschwerdefreiheit, höhere Therapieresistenz, vermehrte Rückfallneigung sowie eine Tendenz zur Chronifizierung[40].

Die Prognose depressiver Störungen im Alter unterscheidet sich von der des jüngeren Erwachsenenalters durch eine erhöhte Mortalität. Wie verschiedene Nachuntersuchungen zeigten, waren nach wenigen Jahren ca. 30% der Depressiven verstorben[41]. Dies lässt sich möglicherweise damit erklären, dass das Suizidrisiko und die Suizidrate, insbesondere bei Männern im höheren Lebensalter, deutlich erhöht sind. Die Anzahl der vollzogenen Suizide ist weltweit in der Altersgruppe der über 75 jährigen am höchsten. Darüber hinaus können aber auch mit der Depression verbundenen Symptome, wie z.B. Rückzugsneigung ins Bett, Bewegungsarmut, Appetitlosigkeit einhergehend mit starkem Gewichtsverlust sowie geringe Flüssigkeitsaufnahme, gerade bei älteren multimorbide vorbelasteten Menschen zu lebensbedrohenden Zuständen führen[42].

5 Die Therapie depressiver Erkrankungen

Ausgehend von dem im Kapitel 3 dargestellten multifaktoriellen Bedingungsgefüge, basiert die Therapie depressiver Störungen auf mehreren Säulen. Die zur Auswahl kommenden Behandlungsstrategien richten sich nach Schwere, Akutheit und Verlauf der Erkrankung. In Anlehnung an die nationale Versorgungsleitlinie/ unipolare Depression lassen sich die in Tabelle 1 (S. 9) dargestellten Behandlungsstrategien aufführen[43]:

---

[38] Vgl. Wittchen et al. (FN 9) S. 20.
[39] Vgl. Brakemeier, Eva-Lotta et al. (FN 18) S. 9
[40] Vgl. Schneider, Frank/ Nessler Thomas, (FN 9), S.112; Vgl. Hautzinger, Martin, (FN 17), S. 14; Vgl. Wittchen et al. (FN 9), S. 24 u. 31.
[41] Vgl. Kipp, Johannes, Multimodale Gruppentherapie bei älteren depressiven Patienten: in Adler, Georg/ Gutzmann, Hans/ Haupt Martin/ Kortus Rainer/ Wolter, Dirk (Hrsg.): Seelische Gesundheit und Lebensqualität im Alter/ Depression- Demenz- Versorgung, Kohlhammer Verlag, Stuttgart, 2009, S. 29.
[42] Vgl. Wittchen et al. (FN 9), S.25.
[43] Vgl. DGPPN, BÄK, KBV, AWMF, AkdÄ, BApK, DAGSHG, DEGAM, DGPM, DGPs, DGRW (Hrsg.) für die Leitliniengruppe Unipolare Depression: S3- Leitlinie/Nationale VersorgungsLeitlinie Unipolare Depression- Kurzfassung, 1. Auflage 2009.DGPPN, ÄZO, AWMF- Berlin, Düsseldorf 2009, S. 25-60.

Tabelle 1: Therapie depressiver Erkrankungen

Allgemeine Maßnahmen	Pharmakotherapie	therapeutische Maßnahmen	somatische Therapieverfahren
- Psychoedukation[44] - stützende Gespräche - Angebote zur Entlastung - Coping - Hilfe[45] - Empowerment[46]	- Antidepressiva[47]	- Psychotherapie - Ergotherapie - Soziotherapie - Bewegungstherapie - u.a.	- elektrokonvulsive Therapie - Wachtherapie - Lichttherapie - körperliches Training

6 Bedeutung der Inhalte für die Pflegepraxis

Grundsätzlich können fachliche, patientenorientierte Aufklärung und Informationen über das Krankheitsbild die Akzeptanz des depressiven Verhaltens und Erlebens verbessern, sowie die Behandlungseinsicht, Therapiebereitschaft und somit den Gesundungsprozess fördern. Das Wissen über die Auftretenshäufigkeit depressiver Störungen kann zu einer Sensibilisierung der Altenpflegekräfte hinsichtlich der Erkrankung beitragen. In diesem Zusammenhang gewinnt auch die Aufklärung über prophylaktische Maßnahmen[48] zur Verhinderung einer Wiedererkrankung an Bedeutung. Zudem kann die Information, dass der Patient unter einer Erkrankung leidet von der viele Menschen betroffen sind bestehende Ängste reduzieren. Kenntnisse über die charakteristischen Symptome einer depressiven Störung tragen wesentlich zu ihrer Früherkennung sowie zeitnahen Behandlung bei. Insbesondere Pflegekräfte können durch sorgfältige Krankenbeobachtung und Informationsweitergabe zu einer verbesserten Diagnostik depressiver Störungen beitragen und somit das Risiko einer Chronifizierung durch zu späte oder falsche Behandlung senken. In diesem Zusammenhang muss auch darauf hingewiesen werden, dass die Mitwirkung an Therapie und Diagnostik zum Tätigkeitsprofil

---

[44] Im Rahmen psychoeduktiver Angebote sollen Informationen über die Erkrankung und die erforderlichen Behandlungsmaßnahmen vermittelt werden.
[45] Bezeichnung für strukturierte Hilfen zur Verbesserung der Krankheitsbewältigung.
[46] Bezeichnung für Maßnahmen, die die Autonomie und Mitbestimmungsmöglichkeiten des Betroffenen erweitern.
[47] Dies sind Medikamente die stimmungsaufhellend und depressionslösend wirken. In der Altenpflege sind folgende Substanzgruppen von Bedeutung: Tri- u. Tetrazyklische Antidepressiva, selektive Serotonin- Rückaufnahme- Inhibitoren, selektive Noradrenalin- Rückaufnahme- Inhibitoren, selektive Serotonin- Noradrenalin Rückaufnahme- Inhibitoren, Monoaminoxidase Inhibitoren, selektive Noradrenalin- Dopamin- Rückaufnahme- Inhibitoren. Zu berücksichtigen gilt: 1) Der Wirkeintritt erfolgt meist erst nach ca. 14 Tagen; 2) Insbesondere bei älteren Patienten ist der Metabolismus der Arzneiwirkstoffe im Vergleich zu jüngeren Patienten häufig verlangsamt, daher ist das Nebenwirkungsprofil stärker zu beachten (Vgl. Bremer-Roth, Friederike et al.: In guten Händen/ Altenpflege 1., Cornelsen Verlag, Berlin, 2 Auflage, 2013, S. 641).
[48] Z.B. Aufklärung über die Notwendigkeit medikamentöser Behandlung und psychotherapeutischer Maßnahmen zur Rezidivprophylaxe, sowie das Beachten weiterer Aspekte: z.B. ausreichende Bewegung, Pflege sozialer Kontakte, Ausgleich zwischen Arbeit und Erholung, Aufbau angenehmer Aktivitäten, geregelter Lebensrhythmus, Tagesstrukturierung u.a..

Pflegender gehört[49]. Kenntnisse der depressiven Symptomatik erleichtert es Pflegekräften zudem, dass vom Patienten gezeigte Verhalten mit dem Krankheitsbild in Verbindung zu bringen und nicht etwa mit seiner mangelnden Motivation[50]. Betroffenen und ihren Angehörigen können Informationen über die Symptomatik der Erkrankung dabei helfen, die erlebten Veränderungen im Denken, Fühlen und Handeln besser zu verstehen und als Symptome der Erkrankung zu akzeptieren. Die Akzeptanz der individuellen Problematik kann wiederum zur Minderung von Schuldgefühlen oder Schuldzuweisungen beitragen und somit zur Entlastung des Betroffenen. Die Aufklärung über die Symptomatik bietet den Betroffenen zudem die Möglichkeit auf Warnzeichen zu achten und rechtzeitig Hilfe in Anspruch zu nehmen. Altenpflegekräften ermöglicht das Wissen, über die mit der depressiven Symptomatik[51] möglicherweise einhergehenden Komplikationen[52], spezielle Gefährdungen rechtzeitig zu erkennen und die notwendigen pflegerischen Maßnahmen[53] einzuleiten. Das Verständnis der Entstehungsfaktoren depressiver Störungen erleichtert es Pflegenden individuelle Risikofaktoren frühzeitig zu erkennen und gemeinsam mit dem Patient und seinen Angehörigen Strategien zur Verminderung des Risikos einer Neuerkrankung (Rezidivprophylaxe) zu erarbeiten. Auf Grundlage der Ätiopathogenese depressiver Störungen lassen sich zudem die zur Auswahl stehenden Behandlungsmöglichkeiten aufzeigen und begründen. Patientenorientierte Informationen ermöglichen es dem Erkrankten Notwendigkeit und Sinn der in Frage kommenden Behandlungsstrategien besser zu verstehen und können seine Mitarbeit fördern. Auch vor dem Hintergrund einer partizipativen Entscheidungsfindung ist die Aufklärung des Betroffenen hinsichtlich des Krankheitsbildes und der zur Verfügung stehenden Behandlungsmöglichkeiten unabdingbar. Durch die fachliche Aufklärung über die einzusetzenden Interventionen sowie deren empirische Bewährung lassen sich zudem Hoffnung und positive Erwartung auf den Erfolg der Therapie aufbauen[54]. Auch bei der Sicherstellung der medikamentösen Therapie mit Antidepressiva sowie eventuell vorliegender internistischer Medikation übernehmen Pflegende wichtige Aufgaben. Pflegenden obliegt die Verantwortung, auf die regelmäßige Einnahme der Medikamente zu achten. Darüber hinaus müssen sie dem Betroffenen und seinen Angehörigen als kompetente

---

[49] Altenpflegegesetz, Abschnitt 2, Ausbildung in der Altenpflege, § 3, unter: http://www.gesetze-im-internet.de/bundesrecht/altpflg/gesamt.pdf (Stand: 09.08.2013)
[50] Vgl. Mahnkopf, Angelika: Basiswissen/ Umgang mit depressiven Patienten, Psychiatrie Verlag, Bonn, 2 Auflage, 2009, S. 66-67.
[51] Insbesondere die Antriebslosigkeit kann schwere körperliche Beeinträchtigungen nach sich ziehen.
[52] Z.B. Immobilität, Dehydration, Malnutrition, soziale Deprivation, Suizid.
[53] Je nach Allgemeinzustand und Ausprägung der Risikofaktoren gehören in diesem Zusammenhang folgende Pflegemaßnahmen zu den Grundprinzipien professioneller Pflege: Dehydrationsprophylaxe, Manutritionsprophylaxe, Deprivationsprophylaxe, Dekubitusprophylaxe, Obstipationsprophylaxe, Thromboseprophylaxe, Kontrakturenprophylaxe, Erkennen und Abklären möglicher Suizidalität.
[54] Vgl. Mahnkopf, Angelika, (FN 50), S. 51.

Ansprechpartner zur Beantwortung möglicher Fragen hinsichtlich Wirkungseintritt, Wirkungsweise, Nebenwirkungen sowie Wechselwirkungen der verordneten Medikamente zur Verfügung stehen. „Bei der medikamentösen Behandlung muss sowohl in der Akutphase als auch in der Erhaltungs- und Langzeitphase eine sorgfältige Aufklärung des Patienten erfolgen (….)"[55]. Eine für den Patienten verständliche Aufklärung erfordert von Pflegenden aktuelles Fachwissen über die eingesetzten Medikamente (Substanzgruppen) sowie über deren veränderte Verstoffwechselung im Alter.

7 Zusammenfassung und Ausblick

Altenpflegekräfte stellen in der Begleitung depressiv erkrankter älterer Menschen eine wichtige Schnittstelle dar. Sie sind meist erster Ansprechpartner für Fragen, Sorgen und Nöte der Betroffenen und ihrer Angehörigen. Der zeitliche wie auch menschlich intensive Kontakt zum Patienten ermöglicht es ihnen die Befindlichkeit der Erkrankten täglich neu einzuschätzen, Veränderungen oder Komplikationen frühzeitig zu erkennen und entsprechend darauf zu reagieren. Darüber hinaus können sie mit Hilfe fachlich fundierter Aufklärung und Informationsvermittlung zu einem besseren Verständnis und Akzeptanz der depressiven Erkrankung beitragen. Pflegekräfte stehen neben Ärzten, Psychotherapeuten, Sozialarbeitern, Ergo- u. Physiotherapeuten gleichermaßen in der Verantwortung die Versorgung depressiv erkrankter älterer Menschen zu sichern und die Lebensqualität der Betroffenen zu erhalten. Damit Pflegende in der interdisziplinären Zusammenarbeit unterstützend mitwirken können, benötigen sie aktuelles Wissen[56] über Ursache, Symptomatik, Verlauf und Behandlung unipolarer Depressionen. Auch die im Altenpflegegesetz[57] geforderte sach- und fachkundige, an den allgemein anerkannten pflegewissenschaftlichen und medizinisch- pflegerischen Erkenntnissen orientierte Pflege, ist nur durch kontinuierliche Aneignung und Auffrischung von Fachkenntnissen zu gewährleisten. Die Erweiterung der eigenen beruflichen Kompetenzen kann entweder im Eigenstudium oder durch den Besuch von Fortbildungsseminare erfolgen. In wie weit die Forderung nach kontinuierlicher themenbezogener Fort- und Weiterbildung vor dem Hintergrund immer knapper werdender finanzieller, zeitlicher und personeller Ressourcen in Einrichtungen der Altenpflege tatsächlich realisiert wird, bedürfe der konkreten Untersuchung.

---

[55] Zit. n. Mahnkopf, Angelika, (FN 50), S. 74.
[56] Hierbei ist anzumerken, dass neben der Aneignung von Fachwissen die Entwicklung sozialer, methodischer und personaler Kompetenzen gleichermaßen von Bedeutung ist.
[57] Altenpflegegesetz,(FN 49).

8 Literaturverzeichnis

Brakemeier, Eva-Lotta/ Schramm, Elisabeth/ Hautzinger, Martin: chronische Depression/ Fortschritte der Psychotherapie/ Band 49, Hogrefe Verlag, Göttingen/ Bern/ Wien/ Paris, 2012.

Beck, Aron T. et al: Kognitive Therapie der Depression, Beltz Verlag, Weinheim Basel, 1999, S.41 - 47

Bremer-Roth, Friederike et al.: In guten Händen / Altenpflege 1., Cornelsen Verlag, Berlin, 2 Auflage, 2013.

DGPPN, BÄK, KBV, AWMF, AkdÄ, BApK, DAGSHG, DEGAM, DGPM, DGPs, DGRW (Hrsg.) für die Leitliniengruppe Unipolare Depression: S3- Leitlinie/Nationale VersorgungsLeitlinie Unipolare Depression- Kurzfassung, 1. Auflage, 2009. DGPPN, ÄZO, AWMF - Berlin, Düsseldorf, 2009.

Haustein, Thomas/ Mischke, Johanna, Statistisches Bundesamt (Hrsg.): Im Blickpunkt/ Ältere Menschen/ in Deutschland und der EU, Wiesbaden, 2011.

Hautzinger, Martin: Akute Depression/ Fortschritte der Psychotherapie/ Band 40, Hogrefe Verlag, Göttingen/Bern/Wien/Paris, 2010.

Kipp, Johannes: Multimodale Gruppentherapie bei älteren depressiven Patienten: in Adler, Georg/ Gutzmann, Hans/ Haupt, Martin/ Kortus, Rainer und Wolter, Dirk (Hrsg.): Seelische Gesundheit und Lebensqualität im Alter/ Depression- Demenz- Versorgung, Kohlhammer Verlag, Stuttgart, 2009.

Mahnkopf, Angelika: Basiswissen/ Umgang mit depressiven Patienten, Psychiatrie Verlag, Bonn, 2 Auflage, 2009.

Perrar, Klaus Maria/ Sirsch, Erika/ Kutschke, Andreas: Gerontopsychiatrie für Pflegeberufe, Thieme Verlag, Stuttgart, 2. aktualisierte und erweiterte Auflage, 2011.

Schneider, Frank/ Nessler Thomas: Depressionen im Alter/ Die verkannte Volkskrankheit/ Hilfe für Betroffene und Angehörige, Herbig Verlag, München, 2011.

WHO/ Dilling, H./ Mombour, W./ Schmidt, M.H. (Hrsg.): Internationale Klassifikation psychischer Störungen/ ICD 10 Kapitel V (F)/ Klinisch- diagnostische Leitlinien, Verlag Hans Huber, Bern/Göttingen/Toronto/Seattle, 8. überarbeitete Auflage, 2011.

Wittchen, Hans-Ulrich/ Jacobi, Frank/ Klose, Michael/ Ryl, Livia/ Robert Koch Institut (Hrsg.) in Zusammenarbeit mit dem Statistischen Bundesamt: Depressive Erkrankungen/ Gesundheitsberichterstattung des Bundes, Heft 51, Berlin, 2010.

Wolfersdorf, Manfred/ Schüler, Michael: Depressionen im Alter/ Diagnostik, Therapie, Angehörigenarbeit, Fürsorge, Gerontopsychiatrische Depressionsstationen, Verlag W. Kohlhammer, Stuttgart, 1. Auflage, 2005.

Zistl, A.: Einführung in die Psychiatrie/ Ein Leitfaden für pflegendes, therapierendes und betreuendes Fachpersonal, Brigitte Kunz Verlag, Hannover, 2004.

Internetquellen

Busch, M. A./ Maske, U.E./ Schlack, R./ Hapke, U.: Bundesgesundheitsblatt 2013/ Prävalenz von depressiver Symptomatik und diagnostizierter Depression bei Erwachsenen in Deutschland, Springer Verlag, Berlin/ Heidelberg, 2013, S. 736, Online publiziert, 27. Mai 2013, unter: http://link.springer.com/content/pdf/10.1007%2Fs00103-013-1688-3.pdf (Stand: 13.08.2013)

Deutsches Ärzteblatt, Internet- Recherche zu psychischen Erkrankungen/ Informationen für Betroffene, Experten und Angehörige, PP/Heft 4, 2006, S. 174, unter: http://www.aerzteblatt.de/pdf.asp?id=50971 (Stand: 09.08.2013)

Gesetz über die Berufe in der Altenpflege/ (Altenpflegegesetz - AltPflG), Abschnitt 2, Ausbildung in der Altenpflege, § 3, unter: http://www.gesetze-im-internet.de/bundesrecht/altpflg/gesamt.pdf (Stand: 09.08.2013)

Helmchen, H. et al. 1996, in Fußer, Fabian et al., g-plus- Zentrum im internationalen Gesundheitswesen (Hrsg.): Depressionen im Alter/Transfer plus/ Fokus: Altenpflege, 2013, S.4, unter: https://www.unifrankfurt.de/fb/fb16/fachklinik/psychiatrie/mitarbeiter/fusser/Fusser-2013-Depression-im-Alter_transferplus.pdf (Stand 13.08.2013)

Robert Koch-Institut 2012/ Gesundheit in Deutschland aktuell 2010/ GEDA Faktenblätter/ chronische Depression, 2010, Unter: http://www.gbebund.de/gbe10/abrechnung.prc_abr_test_logon?p_uid=&p_aid=&p_knoten=FID&p_sprache=D&p_suchstring=15258 (Stand: 09.08.2013)

http://www.who.int/mediacentre/factsheets/fs369/en/ (Stand: 09.08.2013).

http://www.degs-studie.de/deutsch/studie/degs-im-ueberblick.html (Stand: 13.08.2013)